कमरे
और
अन्य कहानियाँ

और अन्य कहानियाँ

ओल्गा तोकार्चुक

अनुवाद

मारिया पुरी

राजकमल प्रकाशन

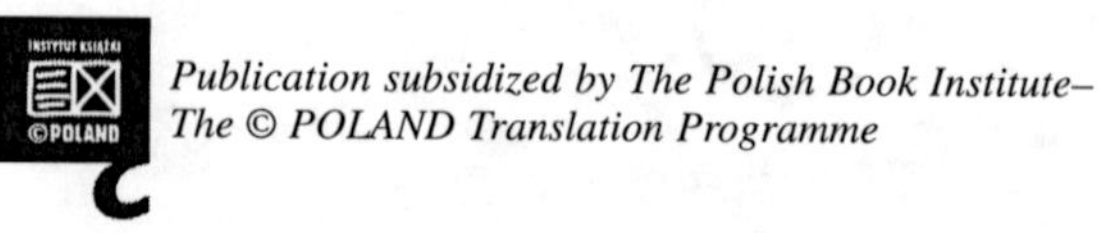
Publication subsidized by The Polish Book Institute–
The © POLAND Translation Programme

ISBN : 978-81-267-2631-8

मूल्य : ₹395

पहला संस्करण : 2014
दूसरा संस्करण : 2021
This book is printed on **Print on Demand** Technology : 2025

प्रकाशक : राजकमल प्रकाशन प्रा. लि.
1-बी, नेताजी सुभाष मार्ग, दरियागंज
नई दिल्ली-110 002

शाखाएँ : अशोक राजपथ, साइंस कॉलेज के सामने, पटना-800 006
पहली मंजिल, दरबारी बिल्डिंग, महात्मा गांधी मार्ग, प्रयागराज-211 001
1, अनमोल सोराबजी संतुक लेन, धोबी तलाव, मरीन लाइंस, मुम्बई-400 002

वेबसाइट : www.rajkamalprakashan.com
ई-मेल : info@rajkamalprakashan.com

KAMRE AUR ANYA KAHANIYAN
Stories by Olga Tokarczuk

क्रम

अलमारी

जब हम इधर रहने आये थे हमने एक अलमारी खरीदी थी। वह गहरे रंग की थी, पुरानी और उसकी कीमत उसे इस्तेमालशुदा सामान की दूकान से लाने के खर्च के मुकाबले बहुत कम थी। उसके दो दरवाजों पर फूलवाली डिजाइन थी और तीसरे दरवाजे पर शीशा था जिसमें प्रतिबिंबित हो रहा था पूरा शहर जब हम इसे टेम्पू में घर ला रहे थे। लाते समय उसे रस्सी से बाँधना पड़ा था ताकि वह रास्ते में खुल न जाए। उसके पास खड़े और बँधी हुई रस्सी को देखते हुए मुझे पहली बार अपनी असंगति का एहसास हुआ।

वह हमारे दूसरे फर्नीचर के साथ अच्छी लगेगी—अर. ने कहा और लाड़ से उसके लकड़ी के शरीर पर हाथ फेरा बिल्कुल इस तरह जैसे वह कोई नई खरीदी हुई गाय हो।

सबसे पहले हमने उसे कोरिडार में रखा था—हमारे सोने के कमरे की दुनिया में आने से पहले यह एक किस्म की संगरोध-अवधि थी। मैं मुश्किल से दिखते सूराखों में तारपीन

तेल की सुइयाँ लगाती थी–समय की बीमारी के लिए जरूरी टीके। नई लाई हुई अलमारी रात–भर कर–कर की आहें भरती थी। मरती दीमक जोर से रोती रहती थी।

उन दिनों हम उस पुराने मकान के अपने नए फ्लैट की सफाई में लगे हुए थे। फर्श के लकड़ी के पाटों के बीच मुझे एक पुराना काँटा मिला जिसके हैंडल में जर्मनी के स्वस्तिक का चिह्न बना हुआ था। दीवारों पर लगी लकड़ी के पीछे से पुराने अखबार का गला हुआ टुकड़ा बाहर निकला हुआ था जिसका एक ही शब्द पहचान में आता था : "श्रमिक वर्ग..."। अर. ने पर्दे लगाने के किए सारी खिड़कियाँ खोल दी थीं और कमरे में शाम के वक्त शहर में घूमते खान–मजदूरों के वाद्य-वृन्द का शोर फैल आया था। उस पहली रात जब अलमारी हमारे सपनों का हिस्सा बन गई थी, हमें देर तक नींद नहीं आई थी। अर. का हाथ अनिद्रा में मेरे पेट पर भटक आया। और उसके बाद हम दोनों को एक ही सपना दिखाई दिया। तब से हमारे सपने एक से ही होते हैं। उस समय हमें संपूर्ण सन्नाटे का सपना आया था और सपने की उस खामोशी में सब कुछ ऐसे लटका हुआ था जैसे सजावट की चीजें दूकानों की खिड़कियों में, और सपने में हम बहुत खुश थे क्योंकि गैरमौजूद। सवेरे हमें एक दूसरे को अपना–अपना सपना सुनाना नहीं पड़ा था–बस एक शब्द काफी था। और उस समय से हम एक-दूसरे को सपने नहीं सुनाते थे। एक दिन पता चला कि फ्लैट में कुछ करने के लिए नहीं बचा था। सब कुछ अपनी जगह

पर था, साफ और सुसज्जित। मैं सिगड़ी के पास अपनी पीठ सेंक रही थी और ध्यान से मेजपोश को देख रही थी। उसकी धागेवाली डिजाइन में कोई तौर-तरीका नहीं था। किसी ने काँटे से अखंड जड़तत्व में सूराख-सूराख बना रखे थे। इन्हीं सूराखों से मैं अलमारी को देख रही थी और मुझे वह वाला सपना याद आया। उसका सन्नाटा अलमारी से ही आ रहा था। अब हम दोनों, अलमारी और मैं, एक दूसरे के सामने खड़े थे और मैं वही थी-क्षण-भंगुर, गतिशील और नश्वर। अलमारी केवल अलमारी थी। एक सम्पूर्ण ढंग से वह अपने असली स्वरूप में मौजूद थी। मैंने उसके चिकने हैंडल को छुआ और वह मेरे सामने खुल गयी। मुझे अपनी दो ड्रेसों की छायाएँ दिखीं और अर. के दो पुराने सूट। अलमारी में मेरे नारीत्व और अर. के पुरुषत्व में कोई फर्क नहीं था। न ही इस बात का कोई मतलब था कि कोई चीज मुलायम या रूखी है, गोल या चौरस, नजदीक या दूर, अपनी या परायी। वहाँ से किसी दूसरे स्थान और अनजाने समय की महक आ रही थी। पर खुदा कसम, वह फिर भी किसी चीज की याद दिला रही थी, किसी बहुत जानी-पहचानी, बहुत नजदीकी चीज की जिसके लिए इतने शब्द भी नहीं थे कि उसका बयान किया जा सके (शब्दों को आखिरकार दूरी चाहिए किसी चीज को सही नाम देने के किए)। मेरी आकृति अलमारी के अंदरवाले आईने के सामने आ पड़ी। मेरा प्रतिबिंब काली सी छाया बन गया था जो मेरे टँगी हुई ड्रेस से मिलता-जुलता मालूम होता था। जीवित और अजीवित के

बीच कोई फर्क नहीं था। अलमारी की एक शीशेवाली आँख के लिए मैं केवल इतनी सी थी। अब सिर्फ एक पाँव उठाना और अंदर आना बाकी था। मैंने ऐसा ही किया। मैं बैठ गयी थी कुछ लिफाफों के ऊपर जिन में ऊन के गोले रखे थे और बंद जगह में मुझे सुनाई देने लगी अपनी गूँजती साँस।

जब अक्ल अकेली पड़ती वह प्रार्थना करना शुरू कर देती है। यह अक्ल का अपना स्वभाव है। "मेरे फरिश्ते, मेरी रक्षा करनेवाने"–मैंने अपने फरिश्ते को देखा और उसकी शक्ल इतनी खूबसूरत थी कि वह जरूर मृत हुई होगी, "मेरे पास हमेशा रहो..."–उसके मोमनुमा पंख प्यार से मेरे आस-पास की सारी जगह घेर रहे थे। "सवेरे"–कॉफी की खुशबू और खिड़कियों का उजाला जो नींद भरी आँखों को जख्मी कर रहा था, "शाम को"–गतिहीन होता हुआ समय जब सूरज डूबता है, "दिन भर"–एक तरफ से केवल होना और दूसरी तरफ तजुर्बा, शोर, गति, लाख-लाख बेमतलब काम, दोनों पक्ष एक से हो जानेवाले, "रात को"–बेबस, अकेला शरीर अँधेरे में, "हमेशा मेरी मदद करो"–कगार के किनारे पर चलते बच्चों की सुरक्षा करता हुआ फरिश्ता। "मेरी आत्मा और मेरे शरीर की रक्षा करो"–गत्ते के डब्बे जिन के ऊपर लिखा है 'सावधानी से' नाजुक। और "मुझे ले चलो अनंत की जिंदगी तक, आमीन"–नीमअँधेरे में टँगी ड्रेस।

तब से अलमारी मुझे रोज अपने अंदर ले जाया करती थी, वह हमारे सोने के कमरे की एक बड़ी सी कूपीनुमा वस्तु

बन चुकी थी। पहले मैं उसमें दोपहर के बाद बैठा करती थी जब अर. घर पर नहीं होता था। उसके बाद मैं सवेरे-सवेरे जरूरी काम निबटा देती थी, बाजार से सामान ले आती थी, कपड़े धोने के लिए वॉशिंग मशीन में डाल देती थी, फोन से बात कर लेती थी और अलमारी के दरवाजे अपने पीछे बंद करके उसके अंदर बैठ जाती थी। अंदर कोई फर्क नहीं पड़ता था कि दिन के कितने बजे है, वर्ष की कौन सी ऋतु चल रही है, सन् कौन-सा है। हमेशा रेशम सा महौल था। मैं अपनी साँस से अपनी भूख पूरी कर लेती थी।

एक वक्त ऐसा हुआ कि मैं रात को कोई साँस घुटनेवाला सपना देखते-देखते जग गई और मुझे आदमी की तरह अलमारी की जरूरत महसूस हुई। मुझे अपने हाथ और टाँगें अर. के शरीर के साथ उलझानी पड़ीं, मुझे उसको जोर से पकड़ना पड़ा ताकि मैं अपनी जगह से हिल न जाऊँ। अर. सपने में कुछ बोल रहा था पर उसके शब्दों में कोई तुक नहीं थी। आखिरकर एक रात मैंने उसे जगा दिया था। वह गर्म बिस्तर छोड़ना नहीं चाहता था। मैंने उसको खींचा और हम अलमारी के सामने खड़े हो गए थे। उस अपरिवर्ती, ताकतवाली और बहकावा देनेवाली अलमारी के सामने। मैंने चिकने हैंडल को छुआ और अलमारी हमारे सामने खुल गयी। उसके अंदर पूरी दुनिया के लिए काफी जगह थी। अंदरवाला शीशा हम दोनों की आकृतियाँ अँधेरे से निकालकर प्रतिबिंबित कर रहा था। हमारी साँसें, पहले रुकतीं और फूलती हुईं, बाद में साथ-साथ चलने लगी थीं और हम

दोनों में कोई फर्क नहीं था। हम दोनों आमने-सामने अलमारी के अंदर बैठ गये। हमारे चेहरे टँगे हुए कपड़ों के पीछे छुप गये। अलमारी ने अपने दरवाजे बंद कर दिये। इस तरह हम इसके अंदर रहने लगे थे।

शुरू में अर. बाहर चला जाता था, कभी कुछ खरीदने, कभी काम पर। पर बाद में इतना भी करना मुश्किल होने लगा। अब दिन लंबे होते जा रहे हैं। कभी सड़कों से खान के मजदूरों के घूमते वाद्य-वृन्द की धीमी आवाजें आती रहती हैं। सूरज गायब होता है और वापस लौटता है और खिड़कियाँ उसे अंदर खींचने के लिए बेकार कोशिशें करती रहती हैं। फर्नीचर, मेजपोश और सजावट की चीजों पर मोटी होती जाती मिट्टी की परत जमी जा रही है और हमारा फ्लैट सारे समय अँधेरे में रहता है।

[1987]

कमरे

होटल

'कापितॉल' में केवल अमीर लोग ठहरते हैं। वर्दीवाले दरबान, सफेद कोट पहने स्पेनिश लहजे में बोलनेवाले लंबे पतले बैरे, शीशों से सज़ी हुई बेआवाज चलनेवाली लिफ्ट, दिन में दो बार युगोस्लाव के छोटे कद की लड़की के द्वारा पोलिश किए जाते तंबू के हैंडल जिन पर अँगुलियों के निशानों को लगने का हक तक नहीं है, उन्हीं के लिए हैं। उनके लिए ही कालीनदार जीने जो इस्तेमाल किए जाते सिर्फ तब जब उन लोगों को लिफ्ट में जाने से डर लगे। उनके लिए बड़े सोफे, भारी बिछौने, बिस्तर में बैठकर नाश्ता खाना, वातानुकूलन, नई गिरी बर्फ की तरह सफेद तौलिये, साबुन, खुशबूदार शैम्पू, लकड़ी के सीट कोमोड पर, ताजी पत्र-पत्रिकाएँ। उन ही के लिए खुदा ने अंगेलो (मैले कपड़े सँभालनेवाले) और जपाता को (खास जरूरतों के वास्ते) बना रखा है। उनके लिए

गलियारों में फुर्ती से घूमती सफेद और गुलाबी कपड़े पहने सफाई करनेवालियाँ, जिनके बीच मैं भी शामिल हूँ। इस 'मैं' को शायद कुछ ज्यादा बता रही हूँ क्योंकि इस 'मैं' से बहुत थोड़ा बचा रहता है जब मैं गलियारे के अंतवाले कमरे में कपड़े बदलकर लाइनों वाला ड्रेस पहनती हूँ। उतार देती हूँ तब अपना रंग, अपनी जानी-पहचानी हिफाजती खुशबू, अपने पसंदीदा काँटे, अपना साहसी काजल और लिपस्टिक, ऊँची एड़ियों के जूते। उतार देती हूँ दूर देश की भाषा, अपना अजीब सा नाम, होंठों के आस-पास की पड़ी झुर्रियाँ, यहाँ पर न मिलनेवाला खाना-पकवान, छोटी सी घटनाओं की यादें- और नंगी खड़ी हो जाती हूँ समुद्री झाग के बीचोबीच। उसी पल से...

मेरी है पूरी दूसरी मंजिल

हर एक वीक-एंड को मैं आठ बजे आती हूँ-जल्दी करने की कोई जरूरत नहीं है क्योंकि आठ बाजे सब अमीर लोग सोते रहते हैं। होटल इन्हें समेटकर लाड़ करता है, सावधानी से झुलाता है जैसे कि सम्पूर्ण दुनिया में वह एक बड़ी सीपी हो और वे लोग कोई कीमती मोती। कहीं दूर मोटरगाड़ियाँ जगने लगती हैं और भूमिगत मेट्रो घास के तिनकों के सिरों को हल्का-

हल्का लहरा देती है। होटल के आँगन में अभी तक ठंडी छाया बिछी रहती है।

मैं आँगनवाले दरवाजे से अंदर आती हूँ और मुझे सूँघने को मिलती है सब तरफ व्याप्त वह अजीब सी बू लिजोल, धुले हुए कपड़ों और दीवारों की जो बार-बार बदलते लोगों की भीड़ के पसीने से तर-तर हो गई हो। आधा मीटर लंबा और आधा मीटर चौड़ा लिफ्ट मेरी सेवा के लिए मेरे सामने रुकता है। मैं चौथी मंजिल का बटन दबाती हूँ और चल पड़ती हूँ मिस लाँग के पास हुकुम लेने। दूसरी और चौथी मंजिल के बीच हमेशा मेरे चेहरे पर आतंक का हल्का हाथ फिर जाता है और मैं डर जाती हूँ ताकि लिफ्ट कहीं रुक न जाए और मैं किसी कीड़े की तरह हमेशा के लिए फँस न जाऊँ होटल 'कापितॉल' की देह के अंदर। फिर कहीं ऐसा न हो कि होटल जग उठे, मुझे हजम करने लगे, मेरे सोच-विचार चूस ले और खत्म कर दे मेरी वह हर एक चीज जो अभी तक बची हुई है और मेरे चुपचाप गायब होने से पहले ही मुझे खा जाए। पर लिफ्ट मेहरबानी से मुझे बाहर छोड़ देती है।

मिस लाँग अपनी मेज पर बैठी हैं और नाक की नोक पर ऐनक पहन रखी है। देखने में लगती है सब सफाई करनेवालियों की रानी, आठ मंजिलों की मालकिन, सैकड़ों चादरों और गिलाफों की भंडारिन, कालीनों और लिफ्टों की वजीरन, झाड़ू और वाक्यूम-क्लीनर की चौधरानी। ऐनक के शीशों के ऊपर से वह मुझे देखती है और ढूँढ़ लेती है खास

मेरे लिए बना हुआ पर्चा जिसके खानों में लिखे हैं पूरी दूसरी मंजिल के हालात, हर एक कमरे की स्थिति। मिस लाँग को होटल में रहते हुए मेहमान नहीं दिखते। हो सकता है वे और ऊँचे पद पर काम करनेवालों के लिए मानी रखते हों पर यह अनुमान करना कि मिस लाँग से कोई और ज्यादा महत्त्वपूर्ण ज्यादा खूबसूरत भी होगा, मुश्किल है।

उसके लिए होटल शायद एक परिपूर्ण संरचना है, जिंदा पर अचल अस्तित्व, जिसका ध्यान हमें ही रखना पड़ता है। जाहिर बात है कि उसके बीच में से निकल जाते हैं, गुजर जाते हैं लोग, उसके पलंग गर्म कर देते हैं, उसके तंबू के चूचक से पानी पी लेते हैं। पर ये लोग रवाना हो जाते हैं, आगे चले जाते हैं। हम और होटल पीछे रह जाते हैं। इसलिए मिस लाँग मेरे सामने कमरों की बात इस तरह करती हैं जैसे वे लोगों से नहीं, भूत-प्रेतों से भरे हुए हों–हमेशा निष्क्रिय ढंग से : व्यस्त, गंदे, खाली किए हुए, कई दिनों से खाली पड़े। साथ-साथ मेरे बाहर वाले कपड़ों, मेरे मेकअप को नापसंदगी से देखती है। तब तक मैं वह पर्चा, जिसमें मिस एल. की खूबसूरत, पुराने ढंग की लिखावट दिखती है, लेकर चली जा रही हूँ गलियारे से, दिमाग में काम-काज की योजना बनाती और अपनी ताकत बाँटती रहती हूँ।

इतने में मैं अनजाने में व्यावसायिक भाग को छोड़कर मेहमानों के भाग में आ जाती हूँ। इस बात की पहचान मुझे महक से होती है–अपना सिर उठाकर उसका पता लगाने की

कोशिश करती हूँ। कभी–कभी मैं इसे पहचानने में सफल होती हूँ : महक नामी मरदाना इत्र की है या महिलाओं की रमणीय खुशबू की। मैं इन सब सुगंधों को जानती हूँ "वोग" पत्रिका के सस्ते नमूनों से मुझे पता भी है कि इनकी शीशियाँ कैसी होती हैं। साथ–साथ गंध है पाउडर की, झुर्रियों की क्रीम की, रेशमी कपड़ों की, मगरमच्छ के चमड़े की, चादरों में गिराई हुई शराब की, "कापरीस" नामक सिगरेटों की जो काले बालोंवाली औरतें पीती हैं। यह है वह खास महक दूसरी मंजिल की। या शायद पहली परत उस दूसरी मंजिल की महक की, जिसे मैं पुरानी जान–पहचान की तरह पहचानती हूँ जब मैं अपनी कोठरी की ओर बढ़ती हूँ जहाँ होता है...

रूपान्तरण

पिंक और सफेद वर्दी पहनकर मैं गलियारे को नई आँखों से देखती हूँ। न मैं महक की तलाश में हूँ, न मुझे आकर्षित करता है मेरा अपना प्रतिबिंब तंबू के हैंडल में, न मैं अपने कदमों की आहट सुनती हूँ। अब गलियारे की दृष्टिसीमा के अंदर मुझे सिर्फ नम्बर चिपके चौरस दरवाजे रुचिकर लगते हैं। आठ दरवाजे, हर दरवाजे के पीछे एक कमरा–एक चार कोनेवाला रंडीनुमा स्थान जो कुछ दिनों के बाद किसी और को दे दिया

जाता है। चार की खिड़कियाँ सड़क की तरफ खुलती हैं, जहाँ हमेशा स्कॉटलैण्ड के कपड़े पहने एक दाढ़ीवाला आदमी खड़ा रहता है और पाईपर बजाता है। मुझे शक है कि वह स्कॉटलैण्ड का आदमी नकली है। उसके अंदर जोश ज्यादा है। उसकी बगल में एक टोपी और एक सिक्का होता, जो और सिक्के आकर्षित करता है।

अगले चार कमरों को जिनकी खिड़कियाँ आँगन की तरफ खुलती हैं धूप कम मिलती है और वे हमेशा कुछ अँधेरे रहते हैं। सब आठ कमरे मेरे दिमाग में टिके हुए हैं हालाँकि वे मुझे दिखते नहीं। मेरी आँखों को सिर्फ दरवाजों के हैंडल दिखते हैं। किसी-किसी में टँगा है गत्ते पर लिखा सन्देश : ''डोंट डिस्टर्ब''। मैं खुश होती हूँ, क्योंकि यह मेरे फायदे में नहीं है कि लोगों को या इनके कमरों को 'डिस्टर्ब' करूँ और मैं चाहती हूँ कि वे मुझे 'डिस्टर्ब' न करें मेरे यह सोचने में कि पूरी दूसरी मंजिल मेरी है। कभी-कभी गत्ते पर लिखा होता है : ''यह कमरा सफाई करने के लिए तैयार है।'' यह वाक्य मुझे एकदम तत्परता की स्थिति में ला डालता है। पर सूचना की एक किस्म और होती है : सूचना का अभाव। यह मुझे सक्रिय बना देता है और मेरी अब तक सोयी हुई नौकरानी की बुद्धि को जगा देता है। कभी-कभी जब दरवाजे के पीछे सन्नाटा बहुत गहरा होता है, मुझे दरवाजे के साथ कान लगाना पड़ता है और गौर से सुनना पड़ता है, या फिर चाबी के सूराख से अंदर झाँकना पड़ता है। यह करना मैं ज्यादा अच्छा समझती हूँ, न

कि यह कि मैं हाथ में तमाम तौलिये लेकर अंदर चली जाऊँ और डरे हुए, अपना नंगापन छिपाते हुए मेहमान का सामना करूँ, या जो और ज्यादा बुरा हो, देख लूँ मेहमान को जब वह बेबसी की नींद में ऐसा डूबा हुआ हो कि लगभग दुनिया से गायब।

इसलिए मैं दरवाजों में टँगे हुए गत्तों पर भरोसा करती हूँ। वे प्रवेशपत्र होते हैं जो एक लघु दुनिया में आने की अनुमति देते हैं।

कमरों की दुनिया में

कमरा नंबर 2 खाली है, बिस्तरों की चादरें सलवटों से भरी हुईं, थोड़ा सा कूड़ा और कड़वी बू किसी के जल्दी करने की, उत्तेजना से सामान बाँधने की। वह व्यक्ति सवेरे-सवेरे निकल गया होगा, शायद हवाई अड्डे पहुँचने की जल्दी में या रेलवे स्टेशन। मेरा काम है उसकी उपस्थिति की निशानियाँ हटाना, बिस्तर, कालीन, अलमारी, गुसलखाने, दीवार, राखदानी और हवा से। यह कोई आसान काम नहीं है। मामूली सफाई काफी नहीं है। जा चुके मेहमान का यहाँ पर छूटा बाकी व्यक्तित्व मेरे अपने व्यक्तित्व के न होने से हटाया जा सकता है। इसी के लिए होता है रूपान्तरण। उसके चेहरे के बाकी बिंब को

शीशे में से मुझे न सिर्फ झाड़न से मिटाना पड़ता है बल्कि शीशे को भरना होता है अपनी सफेद और गुलाबी चेहरा-विहीनता से। उस बू को जो लापरवाही और जल्दी की वजह से छोड़ दी गयी थी मुझे अपनी बू-हीनता से गायब करना होता है। इसलिए मैं यहाँ औपचारिक रूप से मौजूद हूँ, न कि नीची और बेअहमियत वाली हैसियत से। सो मैं यही करती हूँ। औरतें सबसे बड़ा झंझट पैदा करती हैं। वे अपनी निशानियाँ ज्यादा छोड़ती हैं। बात यह नहीं है कि वे अपनी छोटी-मोटी चीजें भूल जाती हैं। वे स्वाभाविक प्रवृत्ति से होटल के कमरे को घर सा बनाना चाहती हैं। जहाँ भी संभव हो, वे हवा से उठाए हुए बीज की तरह जड़ पकड़ती हैं। होटल की अलमारियों में वे टाँग देती हैं पुरानी जलती यादें; गुसलखाने में बड़ी बेशर्मी से छोड़ देती हैं अपनी कामना और अकेलापन। गिलास के किनारों और सिगरेट के टोंटों पर रह जाते हैं उनके होंठों के चिह्न। और, नहानेवाली जगह में-बाल। फर्श पर फेंकती हैं पाउडर जो किसी विश्वासघाती की तरह उनके पैरों के निशानों का राज खोल देता है। यह भी होता है कि उनमें से किसी-न-किसी ने सोते वक्त अपना मेकअप साफ किया नहीं होगा और उसका तकिया, चेहरे का नक्शा उतारनेवाले रूमाल की तरह, उसकी सूरत दिखाता रहता है। वे बख्शीश भी नहीं छोड़तीं। उस काम के लिए आदमी का आत्मविश्वास चाहिए। आदमी लोगों को दुनिया हमेशा बाजार ज्यादा और नाटकशाला कम लगती है। वे हर एक चीज के लिए पहले से ही पैसे

देना पसंद करते हैं। वे सिर्फ तब आजाद हैं जब पैसे देते हैं। अगला है...

कमरा नंबर 224
जिसमें एक जापानी दम्पति रहता है

वे लोग काफी देर से यहाँ रहते हैं और उनके कमरे में मुझे अपनापन महसूस होता है। वे सवेरे जल्दी उठते हैं, शायद इसलिए ताकि जाकर निरंतर संग्रहालय और चित्रशालाएँ देखें, दूकानों में घूमें, फोटो ले-लेकर शहर की नकलें उतारें, चुपचाप और बड़ी शिष्टता से सड़कों पर चलें और मेट्रो में अपनी सीट दूसरों को दे दें।

जिस कमरे में ये लोग रहते हैं, वह एक खूबसूरत डबल रूम है। पर ऐसा लगता है कि इसमें कोई भी नहीं रहता। शीशे के नीचे की मेज पर कोई चीज गलती से नहीं छूटती। न वे टी.वी. और रेडियो इस्तेमाल करते, उनकी उँगलियों के कोई निशान तंबू के स्विच-बोर्ड पर भी नहीं हैं। बाथ-टब में पानी नहीं है, शीशे पर पानी की बूँदें नहीं हैं, न कालीन पर धूल। तकिये भी इनके सिरों के निशानों को लाड़ नहीं करते। मेरी वर्दी से इनके काले बाल नहीं चिपकते। और जो परेशानी की सबसे बड़ी वजह है, यहाँ इनकी कोई महक नहीं रहती। जो

भी महक है वह होटल 'कापितॉल' की ही है।

पलंग के पास मुझे दिखती हैं दो जोड़ी चप्पल, साफ और सुंदर, पाँव की सेवा से खाली। एक जोड़ा छोटा, एक बड़ा। छोटी मेज पर पड़ी है गाइड पुस्तक, हर एक पर्यटक की बाइबल, और गुसलखाने में तरीके से रखी है प्रसाधन सामग्री–सीधी–सादी, काम की। मैं सिर्फ बिस्तरे की चादरें बदलती हूँ और इतने में ही मैं इतनी गंदगी फैला देती हूँ जितनी ये लोग एक महीने में शायद न कर पाएँ।

यहाँ की सफाई करते समय मैं भावुक हो जाती हूँ क्योंकि मुझे हैरानी होती है कि इस तरह होना भी संभव है जैसे कि किसी का कोई अस्तित्व ही न हो। मैं पलंग के किनारे पर बैठ जाती हूँ और उनकी अनुपस्थिति सोखती हूँ। मेरा दिल भर आता है यह सोच कर कि जापानी लोग हमेशा छोटी बख्शीश छोड़ते हैं–तकिए पर करीने से रखे हुए सिक्के जो मुझे ले जाने पड़ते हैं। यह एक किस्म की चिट्ठी है, एक सूचना। यह है हमारा पत्र–व्यवहार : ये लोग मुझे बख्शीश देते हैं जैसे कि माफी माँगना चाहते हों कि उनको मेरी इतनी कम जरूरत पड़ी है, यह कम खलबली होने के पैसे हैं, कि आस–पास के शोर–गुल के अनुकूल ये लोग अपने को बना नहीं पाए। वे चिंतित होते हैं कि इस वजह से मैं निराश हो सकती हूँ, गुस्सा हो सकती हूँ। यह छोटी बख्शीश उनकी शुक्र अदा करने की अभिव्यक्ति है, कि मैंने उनको इजाजत दे दी है कि वे लोग वैसे ही रहें जैसे उनको आता हो, या जैसे वे चाहते हों। मैं कद्र करने की

कोशिश करती हूँ उनके इस ढंग से मेरे साथ मुलाकात करने की–प्यार से उनका बिस्तरा बनाती हूँ। तकिये सीधे करती हूँ, लाड़ से हाथ फेरती हूँ चादरों पर, जिनमें वे लोग सलवटें नहीं डाल पाते जैसे कि उनके छोटे शरीर कम ठोस हों दूसरे लोगों के शरीरों से।

मैं सारा काम आहिस्ता से करती हूँ, गौर से, और मुझे महसूस होता है कि मैं उनको कोई चीज, कोई भेंट देती हूँ। देने में मैं घुल जाती हूँ या अपने को भूल जाती हूँ। कमरे को लाड़ करती हूँ, चीजों पर हाथ फेरती हूँ। और जरूर उनको यह सब अपनी त्वचा पर महसूस होता होगा जब वे मेट्रो में एक और संग्रहालय देखने जा रहे होंगे, एक और बार अनजाने शहर में घूमते वक्त।

उनकी आँखों में एक पल के लिए झलक जाती है होटल के कमरे की तस्वीर, अस्पष्ट याद, अचानक वापस आने की इच्छा, पर मेरा वहाँ कोई निशान तक नहीं। मेरे प्यार का, जिसे वे शायद सहानुभुति कहते, कोई चेहरा नहीं, सफेद और पिंक वर्दी में कोई शरीर नहीं। जो बख्शीश वे छोड़ते हैं वह मेरे लिए नहीं, कमरे के लिए है, उसके मौन अस्तित्व के लिए, दुनिया के वितान में उसकी वफादारी के लिए, न समझ आनेवाली बेवफाई की दुनिया के बीच। तकिये पर छोड़े सिक्के शाम तक भ्रम का पालन करते हैं कि ऐसे कमरे तब भी अस्तित्व रखते हैं जब इन्हें कोई देखता भी नहीं। दो सिक्के उस मूलभूत डर को दूर कर देते–कि दुनिया अस्तित्व रखती है सिर्फ इसे देखने

में, मानो इसके अलावा कुछ और है ही नहीं।

मैं बैठकर सूँघती रहती हूँ इस कमरे की ठंडक और खालीपन, मेरा दिल श्रद्धा से भरा हुआ है जापानी दम्पति के प्रति, जिन्हें मैं जानती हूँ केवल अभौतिक रूप में...पाँव से छोड़ी हुई चप्पलों के अंदर।

पर मुझे जल्दी जाना है इस छोटे मंदिर से। मैं चुपचाप चली जाती हूँ जैसे कि मैं लंबी साँस छोड़ती हूँ और आधी मंजिल नीचे उतरती हूँ... क्योंकि अभी है...

चाय पीने का समय

दूसरी मंजिलों की सफेद और गुलाबी राजकुमारियाँ बैठ चुकी हैं जीने में और खा रही हैं मक्खन से भरे टोस्ट और साथ-साथ पी रही हैं कॉफी। मेरे पास बैठ जाती है मारिया, जो देखने में रेड इंडियन लगती है, आगे अंगेलो गंदे कपड़ोंवाला और पेड्रो–शायद धुले हुए कपड़ों वाला, क्योंकि वह बहुत संजीदा है। उसकी दाढ़ी सफेद और काली है, बाल–काले। वह देखने में मिशनरी लगता था, मठवासी, जो कुछ देर के लिए जीने में बैठ गया हो अपनी धर्मिक यात्रा के दौरान। ऊपर से, वह पढ़ रहा है "लॉर्ड ऑफ द फ्लाईज" और कोई-कोई शब्द रेखांकित करता है और किसी-किसी के साथ कॉफी पीता है।

–पेड्रो, आपकी मातृभाषा क्या है?–मैं पूछती हूँ।

वह किताब पढ़ने से सिर उठाता है, गला साफ करता है जैसे कि अभी-अभी जगा हो, साफ दिखता है कि वह मेरा प्रश्न अपनी भाषा में अनुवाद कर रहा है। यह उसकी क्षण-भर की अनुपस्थिति से पता चलता है। उसको समय चाहिए कहीं अपनी गहराई में उतरने के लिए, इधर-उधर नजर घुमाने के लिए, बुनियादी लय को नाम देने के लिए, उचित शब्द ढूँढ़ने के लिए, अनुवाद करने के लिए और आखिर बोल देने के लिए–

–वह कास्टिली भाषा है।

मैं शर्मिन्दा हो जाती हूँ।

–और यह कास्टिल कहाँ है?–पूछती है अना, इटली की लड़की।

–कास्टिल-बास्टिल–दार्शनिक ढंग से कहती वेस्ता, युगोस्लाव की खूबसूरत लड़की।

पेड्रो पेंसिल से कोई नक्शा बनाता है और शब्दों से लँगड़ाते- लँगड़ाते पहुँच जाता है पुराने जमाने में, जब लोग किसी वजह से घूमते रहते थे उस इलाके में जिसे हम आजकल यूरोप और एशिया कहते हैं। अपने भ्रमण के दौरान वे बस जाते थे, फिर दुबारा चल पड़ते थे, साथ साथ अपनी भाषा झंडे की तरह अपने सामने उठाए रहते थे। बड़े परिवार बनाते रहते थे हालाँकि एक दूसरे को जानते नहीं थे और उनके लिए स्थायी वस्तु केवल शब्द थे।

हम सिगरेट जलाते हैं और पेड्रो ग्राफ बनाता है, समानता साबित करता है और शब्दों के मूल–रूप निकालता है जैसे कि चेरी के बीज निकालता हो। उन्हें जो उसका व्याख्यान समझते हैं धीरे–धीरे पता चलता है कि हम सब यहाँ जीने पर बैठे हुए जो इस वक्त कॉफी पी रहे हैं और टोस्ट खा रहे हैं, कभी पहले एक ही जुबान बोलते थे। नहीं, शायद सब नहीं। मुझ में अपनी भाषा के बारे में पूछने की हिम्मत नहीं है और नाईजीरिया की मिर्रा भी बहाना बनाती है कि उसे कुछ समझ नहीं आता, और जब पेड्रो बिछाता है हमारे ऊपर एक भरा–सा काला बादल प्रागैतिहासिक युग का, हम सब उसके नीचे आ जाने की कोशिश करते हैं।

–बाबेल की मीनार जैसा–संक्षेप में कहता अंगेलो।

–कह सकते हैं–उदासी से सिर हिलाता कास्टिल का पेड्रो।

इतने में आती है मार्ग्रेट। हमेशा की तरह देर से। इसे समय हमेशा कम पड़ता है, हमेशा कहीं पीछे रह जाती है। मार्ग्रेट मेरी है; मेरी ही भाषा में बोलती है, इसलिए उसका गोरा चेहरा, मेहनत से कुछ लाल, मुझे बहुत नजदीक मालूम होता है। मैं उसके लिए चाय डालती हूँ और टोस्ट में मक्खन लगाती हूँ।

–हेलो–वह हमारी अपनी जुबान में कहती है और इस इशारे से बातचीत अलग–अलग भाषाओं में बँट जाती है।

और अब सब सफेद और गुलाबी लड़कियाँ अपने तरीके से गुनगुनाती हैं। शब्द लकड़ी के ब्लॉक्स की तरह गिर रहे हैं जीने के नीचे और पहुँच जाते हैं रसोई तक, लौंड्री तक, कपड़ों

के स्टोर तक। सुनने में लगता है कि होटल 'कापितॉल' की बुनियाद काँप रही हो।

अफसोस की बात है कि चाय का ब्रेक खतम हो रहा है और वापस जाना पड़ता है अपनी मंजिल तक जहाँ इंतजार करते हैं...

बाकी कमरे

हम निकल जाते हैं बातें करते-करते पर लंबे गलियारे हमें एकदम चुप करा देते हैं। अभी ऐसा ही रहेगा। खामोशी-पूरी दुनिया के सब होटलों में कमरे साफ करनेवालियों का सब से बड़ा गुण।

226; लगता है जैसे अभी-अभी इस में कोई रहने आया हो। सामान खुला नहीं, अखबार छुआ तक नहीं। आदमी (क्योंकि गुसलखाने में मरदाना सामान रखा है) शायद कोई अरब देश का हो (अरबी लिखावट सामान के ऊपर, अरबी किताबें)। फिर सहसा सोचती हूँ : मुझे क्या लेना-देना इस बात से कि होटल का अगला मेहमान कहाँ का है और इधर क्या करने आया है। मेरी मुलाकात तो उसकी चीजों से होती है। आदमी केवल एक बहाना है जिस वजह से ये सारी चीजें यहाँ पर मौजूद हैं, केवल एक स्वरूप जो इन चीजों का स्थानांतरण

और समयांतरण करता है। बुनियादी तौर पर हम सब लोग मेहमान होते हैं, छोटी चीजों के, जैसे हमारे कपड़े और बड़ी चीजों के, जैसे होटल 'कापितॉल'। यह अरब, ये जापानी लोग, और मैं, और मिस लाँग भी। कुछ भी नहीं बदला उस जमाने से जिसके बारे में पेड्रो बता रहा था। होटल और सामान कुछ और किस्म के हो गये पर यात्रा अब भी चालू है।

कमरे में ज्यादा काम नहीं है। मेहमान रात को आया होगा, बिस्तरे में लेटा भी नहीं था। अब शायद काम करने गया होगा और सामान खोलेगा वापस आने के बाद। गुसलखाने में मुझे देखने पर सन्तुष्टि होती है कि वह नहाया नहीं और टॉयलेट पेपर की जगह उसने चेहरा पोंछने के पेपर नेप्किन इस्तेमाल किए हैं।

वह परेशान होगा या लापरवाह होगा, एक ही बात। उसको अचानक अजनबीपन महसूस हुआ होगा जब टैक्सी उसे यहाँ लाई होगी रात को। ऐसे वक्त एकदम सेक्स के लिए दिल करता है। कोई दूसरी चीज दुनिया को इतनी परिचित नहीं बना पाती है जितना सेक्स। शायद जल्दी गया होगा औरत या पुरुष के शरीर को ढूँढ़ने, उन नाजुक नावों को जो बिना किसी पीड़ा के पार करा देती हैं हर अशांति, हर एक डर से।

कमरा 227 कमरा नं. 226 के जैसा है। बिल्कुल ऐसा ही सिंगल कमरा। फर्क सिर्फ इतना है कि यहाँ का मेहमान कुछ देर से इसमें रहता है। मुझे इसकी याद न होती अगर वही सिगरेट, शराब और गंदगी की बू न होती। और वही जहाँ-तहाँ बिखरा सामान जो मुझे आतंकित कर देता है। सब जगह

छोड़ी हुई गिलासें जिनमें शराब बाकी है, सिगरेट की राख, गिराया हुआ रस, कूड़े की टोकरी में भरी शराब, टोनिक और ब्रॉन्डी की बोतलें। बंद किये हुए दायरे और नाउम्मीदी की बू। मैं खिड़की खोलती हूँ, ए.सी. चलाती हूँ पर यह सब इस हालात को, जिसमें से निकलने का कोई रास्ता नहीं दिखता, और गंभीर कर देता है, क्योंकि तब और, ज्यादा साफ दिखाता है फर्क ताजगी और स्वस्थ चीजों का, और बासी और बीमार का। यह बंदा (जो लगभग पचास टाइयाँ अलमारी के दरवाजे पर टाँगे हुए है) दूसरे मेहमानों से अलग है। सिर्फ इसलिए नहीं कि शराब पीता है और सफाई नहीं रखता, बल्कि इसलिए भी कि वह अपनी हदों से बाहर रहता है। उसे ध्यान नहीं रहता कि अपनी चीजों के जरिये अपने आपको दिखाने और अभिव्यक्त करने की भी कोई सीमा होनी चाहिए। वह अपनी अंदरूनी परेशानी बाहर उड़ेलता है और मेरे जैसे व्यक्ति के हाथों में छोड़ देता है। मुझे लगता है कि मैं एक नर्स हूँ और यह बात मुझे अच्छी लगती है। सँभालती हूँ उनींदेपन से जख्मी किया गया पलंग, पौंछती हूँ रस के घाव मेज से, कमरे के शरीर से निकालती हूँ बोतलें काँटे की तरह। वाक्युम–क्लीनर इस्तेमाल करना जख्म पर पट्टियाँ बाँधने के बराबर है। आरामकुर्सी में करीने से रखती हूँ नए और महँगे खिलौने, शायद कल ही खरीदे हुए–दर्द–भरी गलती की नरम अनुभूति। वह बंदा देर तक शीशे के सामने खड़े होकर टाई चुनता रहता था। शायद अपना सूट भी उसने कई बार बदला था पर अपना हर दूसरा रूप उन्हें

घिनौना लगता है। उसके बाद वह गुसलखाने गया होगा–

चिलमची के किनारे एक आध पिया हुआ पेग रखा है। वह बेबस और अकुशल था; फर्श पर शैम्पू गिरा था और इसे सफेद तौलिये से पोंछने की कोशिश की गई थी। मैं उसे साफ करती हूँ। उसकी कमियों को हटाती हूँ। उसकी प्रसाधन सामग्री सजाती हूँ। मुझे पता है कि वह बूढ़ा होने से डरता है। यह है झुर्रियों की क्रीम, उम्दा किस्म का सेन्ट। पाउडर और काजल भी है–आँखों के लिए। हर रोज सवेरे, अपने चेहरे के अजनबीपन से डरकर उसको शीशे के सामने खड़ा होना पड़ता है और काँपते हाथों से उसे अपना पुराना रूप दुबारा तैयार करना होता है। वह हिलता है, उसे चीजें ठीक नहीं दिखतीं, शीशे के पास आता है और इस पर ऊँगलियों के निशान छोड़ता है। उससे शैम्पू गिर जाता है, वह गाली देता है और उसके बाद अंग्रेजी में, या फ्रांसीसी या जर्मन में कहता है : "बहन की..."। और जैसा भी है वह, बाहर चला जाना चाहता है पर जब अपनी शक्ल शीशे में देखता है, वह हार जाता है और वापस आकर अपना मेक–अप पूरा करने में लग जाता है। मेकअप की क्रीम छुपा देता है निराशा की झुर्रियाँ और आँखों के नीचे पड़े काले गड्ढे, रात को नींद न आने के संकेत, और बदरंग डब्बा ठुड्डी पर, पक्का सबूत कि वह बड़ी दवाइयाँ खाता है। काजल से छिपाता है आँखों की लाली। आखिरकर वह बाहर चले जाने में सफल हो जाता है और जब वापस आएगा उसे गुसलखाने में नहीं मिलनी चाहिए कोई भी निशानी उसकी अपनी असफलता की। मैं इसीलिए हूँ ताकि उसे माफ

कर दूँ। सहसा मुझे सूझता है कि मैं एक पर्चा छोड़ दूँ जिसमें लिखा हो : "मैं आपको माफ करती हूँ", और वह ये शब्द शायद इस तरीके ले लेगा जैसे किसी भगवान ने लिखे हों और चला जाएगा वापस वहाँ जहाँ बच्चे नरम खिलौनों का इंतजार कर रहे हों, जहाँ अलमारी में हर टाई के लिए अपनी सही जगह हो, जहाँ शराब पीने से सूजे हुए चेहरे के साथ, एक पेग हाथ में लिये आदमी बालकोनी में जाकर दुनिया को जोर से चिल्लाकर कह सकता हो : "तेरी बहन की..."।

पर असली भगवान वास्तविकता है और अगर सब कुछ होता ऐसा जैसा होता है, तो जरूर इसमें कोई गहरा मतलब है। मैं कमरा तैयार करके छोड़ती हूँ ताकि वह हमेशा की तरह स्वागत करे उस कुछ दिनों के मेहमान का।

गलियारे में गंदे कपड़ों के बोरे उठाते हुए अंगेलो के बगल से निकलती हूँ। हम एक दूसरे को देखकर मुस्कुराते हैं। मैं कमरा नं. 223 का दरवाजा खोलती हूँ और पहली नजर में ही मुझे मालूम होता है कि इस कमरे में रहते हैं...

जवान अमेरिकी लोग

हम में से कोई भी पसंद नहीं करती है उन कमरों की सफाई करना जिन में रहते हैं जवान अमेरिकी लोग। यह कोई पूर्वग्रह

नहीं। हम अमरीका के खिलाफ नहीं हैं, हम उसकी प्रशंसा करती हैं और उसे चाहती हैं हालाँकि हम से किसी ने कभी उसे देखा तक नहीं। पर जवान लोग, जो होटल 'कापितॉल' में ठहरते हैं बड़ी नासमझी से गंदगी मचाते हैं, गंदगी जिसकी कोई तुक नहीं बनती, जिसका कोई मतलब नहीं होता। यह बेईमान गंदगी है क्योंकि इसे साफ करने से कोई संतुष्टि नहीं होती। हकीकत में वह ठीक से हटायी नहीं जाती जब भी हर एक चीज अपनी जगह पर रखी जाए, कीचड़ के सारे धब्बे धुले जाएँ, जब बिछौनों और तकियों की सब सलवटें साफ की जाएँ, जब सारी बू खिड़की खोलकर बाहर निकाली जाए, वह गंदगी सिर्फ कुछ देर के लिए ही गायब होगी या शायद छुप जाएगी कहीं नीचे और इंतजार करेगी अपने मालिकों का। चाभी की आवाज उसे उठा देगी और वह बाहर निकलकर फिर कमरे पर हमला कर देगी।

ऐसी गंदगी केवल बच्चे छोड़ सकते हैं : आधा छिला हुआ संतरा बिस्तरे पर, मगों में रस, पाँव के नीचे दबा हुआ टूथपेस्ट कालीन पर। सजाए हुए कागज के टुकड़े, महँगी दूकानों से खरीदे हुए कपड़ों की कीमतों के पर्चे, तकिये ठूँसे हुए अलमारी के अंदर, टूटी हुई होटल की पेंसिल, सूटकेस का सामान उलटाया हुआ आरामकुर्सी पर, पोस्टकार्ड जिसमें पते के अलावा कुछ भी लिखा नहीं, चलता हुआ टी.वी., ऊपर किये हुए पर्दे, ए.सी. पर सूखते हुए मोजे और कच्छे, छितरे हुए सिगरेट, राखदानी भरी हुई तरबूज के बीजों से।

कमरा, जिसमें अमेरिका के लोग रहते हैं हास्योत्पादक होता है, उसकी संजीदगी खत्म कर दी गई होती है, सब कुछ उससे बड़ी दोस्ती बनाने के बहाने में। इसी तरह गुलाबी और हल्का पीला, खूबसूरत कमरा नं. 223 की बेइज्जती की गई है। लगता है कि एक अधेड़ उम्र के सज्जन को विदूषक के कपड़े पहनाये गए हों।

जब मैं यहाँ पर आती हूँ मुझे दर्द होता है। एक पल के लिए मैं बिना हिले खड़ी रहती हूँ और हमले का अंदाजा लगाती हूँ। कमरा एक छोटी जंग का क्षेत्र लगता है। रेशमी ड्रेस आरामकुर्सी के ऊपर लापरवाही से फेंकी हुए, खुशबू बढ़िया सेन्ट की, निश्चिन्तता की, पैसों की, शारीरिक ताकत की, छह फीट कद की, बेखबरी उस व्यवस्था की, जो हर एक चीज का अनिवार्य हिस्सा होती है। यह सारी चंचलता, वर्तमान की अवहेलना और अज्ञान कि वही पवित्र भविष्य का बीज है–मुझमें डर पैदा करता है। यह सब कुछ इस संघर्ष का एक पक्ष है।

दूसरी तरफ वह अचल, ठोस, वर्तमान और अपरिवर्तनीय कमरा न. 223। मैं कमरे का पक्ष लेती हूँ। आहिस्ता–आहिस्ता, एक–एक करके मैं चीजें उठाना और संभालना शुरू करती हूँ पर निजी चीजों को हाथ नहीं लगाती। इन्हें शायद आदत हो गई हो गलत जगह पड़े रहने की।

समय छलाँगें मारता है और आगे भागता है, मैं परेशान होती जा रही हूँ। टी.वी. गुनगुनाता है, सी.एन.एन.–दुनिया से

आनेवाली खबरें मुझे घेरती हैं, और दुनिया सी.एन.एन. चैनल को भरोसा दिलाती है कि वह हमेशा जवान अमेरिकी लोगों से भरी हुई कहीं मौजूद है। मेरा डर बढ़ता जाता है, मेरे हाथों की हरकतें भी बढ़ती जाती हैं, मैं जल्दी करने की कोशिश करती हूँ, अपनी घड़ी बार-बार देखती हूँ "अभी" को छोड़ने को हूँ और एक पाँव "बाद में" रखने को हूँ। अपने को गाली देती हूँ : "बहन की..."। और कोई अंग्रेजी गाना गाती हूँ।

गीला झाड़न छूट जाता है मुझसे लकड़ी की मेज पर। यह बहुत बड़ी गलती है, नमी से लकड़ी का रंग खराब हो जाता है। गंदगी से मेरी तबीयत खराब हो रही है। मुझे भागना पड़ता है गुसलखाने में जहाँ खलबली कम है और जब कुछ देर में मैं फैलाये हुए तौलिये, शीशे, साबुन और जूना वगैरह इकट्ठे कर पाती हूँ, जब मैं गुसलखाने का दरवाजा बंद कर देती हूँ और छोटे कामों पर ध्यान देती हूँ, चारों तरफ बिछ जाता है सन्नाटा।

गुसलखाना कमरे का अंदरूनी हिस्सा है, जिंदगी का उल्टा पहलू। बाथ-टब में नहाने के बाद बाल रह जाते हैं, त्वचा से उतारी हुई गंदगी इसके किनारों पर चिपक जाती है। टोकरी में इस्तेमाल किए हुए सैनिट्री नेपकिन, रुई और कागज के तौलिये। ये हैं पाँव शेव करने का सेट और चेहरे के दाने साफ करने व मेकअप लगाने का छोटा शीशा। पाँव का पसीना छुपाने का पाउडर, एक छोटी पिचकारी एनिमा लगाने की और कॉन्डोम से भरा बटुवा। जिंदगी के दूसरे पक्षों के बारे में गुसलखाना

बताने से रह नहीं पाता। मैं गुसलखाना थोड़ा-बहुत साफ करती हूँ क्योंकि मुझे शायद कुछ डर-सा लगता है कि मैं यहाँ रहते लोगों की क्षण-भंगुरता के इन पवित्र सबूतों को कहीं नष्ट न कर दूँ। शायद इन्हें इन का पता होना जरूरी है। शायद इन्हें कभी इन चीजों को देखने का मौका नहीं मिला हो, न टी.वी. में, न खबरों में जो सब कुछ को कुचल कर मिलाते हैं और बर्गर-सा कुछ बनाते हैं एक चीज को दूसरी के ऊपर रखकर, न स्कूल में सिखाया था, न फिल्मों में दिखाया, न ही आर्मस्ट्रांग को चाँद पर मिला था। कि हम सब लोग लम्हा दर लम्हा चूर-चूर होते जा रहे हैं कि जिंदगी जीते-जीते हुए हम सब मर रहे हैं। वे लोग भी इसी तरह जैसे मैं।

यह बात मुझे उन अमीर, चंचल अमेरिकी लोगों को अपना सा बनाती है हालाँकि वे लोग मुझसे बहुत अलग हैं। आखिरकार उनके पास है उनका वह अपना अकल्पनीय देश, अलग लय, सेव का रस रोज नाश्ते के साथ और भाषा जिसे पुरी दुनिया इस्तेमाल करती है। दो हजार साल पहले की बात होती तो उनकी जगह रोमन लोग होते और मैं कहीं आंचलिक प्रांत में रहती, राज्य के किसी दूर किनारे पर, किसी गॉल या पालेस्टाइन में। पर उन लोगों का और मेरा शरीर एक ही मिट्टी का बना हुआ है, या शायद एक ही धूल से, शरीर जिसके बाल झड़ते हैं, जो बूढ़ा होता रहता है और जिसमें झुर्रियाँ पड़ती हैं, जो बाथ-टब के साफ किनारों पर गंदगी की परत छोड़ता है। जब मैं साफ तौलिये रखती हूँ और नये बाथ-रोब टाँगती हूँ मुझे

इतना गहरा अनुभव होता है कि हम सब अपनी व्यर्थता में एक से हैं और मैं अचानक निश्चल हो जाती हूँ। कभी-कभी मुझे यही एहसास किसी अमीर और आत्मविश्वासपूर्ण औरत के बिस्तरे के पास होता है, औरत जो एक बड़ी और महत्वपूर्ण सभा के लिए आई हुई हो और जिसके बिस्तरे में मुझे मिलता है छोटे बच्चों के कपड़े पहने हुए एक पुराना, घिसा-पिटा टेडी बियर। या फिर जब किसी बहुत बड़े, सफल आदमी के कमरे में बिस्तरा पसीने से भीगा हुआ पाती हूँ। इन लोगों के बिस्तरे बिछाती है भीति-वह पतली-दुबली, अस्थि-पंजर जैसी नौकरानी। खुदा का शुक्र कि वह है। वह नहीं होती तो ये सब लोग देवी-देवता जैसे होते-ताकतवाले, साहसी, घमंडी और बेवकूफ। और फिर, पूरे दिन काम में, पैसों के पीछे की भाग-दौड़ में, घूमने में, खरीदारी में, जरूरी मुलाकातों में गुजारने के बाद, जब वे अपने बिस्तरों में लेटे हुए हैं और इन्हें नींद नहीं आती, और वे दीवारों पर बनी पेचीदा डिजाइनें देखते रहते हैं, उनकी थकी हुई आँखों को उन समानांतर जाती रेखाओं में दिखाई पड़ती हैं दरारें, सूराख, विकृतियाँ। इन्हें खरोंचें दिखने लगती हैं, बदरंग डब्बे, धूल जो हटाए नहीं हटती, गंदगी जो धोए नहीं धुलती। ऐसे क्षणों में कालीन गंजे हो जाते बीमार औरतों की तरह और जालीवाले परदों की संपूर्णता में दिख पड़ता है जलती सिगरेट से बना सूराख। रेशमी तकियों की सिलाइयाँ खुल रही हैं, जंग हैंडल और कीलों पर हमला कर रहा है। फर्नीचर के किनारे खराब होते जा रहे हैं और पर्दों की

झालरें आपस में उलझ रही हैं। कंबल भी नरम और मुलायम नहीं रहता, पुराना और बेजान हो जाता। धूल की बदबू फैल जाती। मुझे पता भी है कि ये लोग तब क्या करते हैं। यह लोग उठते हैं, सिर हिलाते हैं और या तो बड़ा-सा पेग पी लेते हैं या सिर दर्द की गोली खा लेते हैं। आँखें बंद करके छत की कड़ियाँ गिनते हैं जब तक नींद बचा न ले इनको डरी हुई सोच-विचार से। सवेरे उस रात का वह पल इन्हें अवास्तविक लगता है और तंग करते हुए सपनों का अंश। क्या ऐसा नहीं होता कि कभी कभी हर एक को ऐसे सपने आते हों?

मैं गुसलखाने के दरवाजे से टेक लगाकर खड़ी हूँ। काम खतम। मेरा दिल करता कि सिगरेट पीऊँ।

अभी मेरे पास चुनने के लिए दो कमरे बाकी हैं : 228 और 229। मैं 229 को चुन लेती हूँ जिसके तीनों अंकों का योगफल है...

तेरह

यह आधिक्य और फरेब की संख्या है और यह कमरा भी ऐसा है क्योंकि कमरे 229 में ये दोनों दोष हैं। यह कमरा आकर्षित करता है, वादे करता है, अचम्भा पैदा करता है। वैसे तो देखने में दूसरों की तरह है : दायीं तरफ गुसलखाना, एक

छोटा कोरिडोर और बाकी के हिस्से में एक ब्राउन रंग के बिछौनेवाला पलंग, सलेटी रंग की दीवारें, फूलदार पर्दे, अलमारी और आईना। पर लगता है कि सारे दूसरे कमरों के मुकाबले ज्यादा खाली है। यहाँ पर मुझे अपनी साँस सुनाई देती है, मुझे पानी में काम करने की वजह से अपने सूजे हुए हाथ साफ दिखते हैं और संयोग से आइनों में कम प्रतिबिंबित होती हूँ। हमेशा जब अंदर आती हूँ तनाव से एकदम स्तब्ध हो जाती हूँ। पिछले हफ्ते इसमें ठहरा था दो प्रेमियों का जोड़ा या शायद एक नया दम्पति। उन्होंने पूरा बिस्तरा उलटा-पुलटा कर दिया, सब जगह तौलिये फैलाये, शैम्पेन गिराई। उनके पीछे रह गये थे पीले डिब्बे चादर पर, एक फूलों से भरी बहुत बड़ी टोकरी, प्यार के वादों के सबूत। अफसोस कि मुझे इस टोकरी को फेंकना पड़ा था। इस कमरे को पूरी तरह फिर से तैयार करना काफी मुश्किल होता है क्योंकि इसकी अपनी शक्ल-सूरत नीची होती है। वह लोगों को सोच-समझकर अपनाकर बहलाता है। मुझे लगता है कि एक रात गुजरने के बाद वह इन्हें अपने जाल में फँसाता है, फिर देर तक इन्हें रोकता है, तृष्णा पैदा करता और इनकी योजनाएँ नष्ट करता है। दो हफ्ते पहले इसमें रहते लोग गुसलखाने में पानी का नल बंद करना भूल गए थे। पानी गलियारे तक पहुँच गया, नरम कालीनों को गीला कर दिया, दीवारों का सुनहरा रंग बदरंग कर दिया। डरे हुए मेहमान चादरें ओढ़े खड़े हुए थे और होटल में काम करनेवाले लोग पोंछे लिये इधर-उधर भाग रहे थे।

–कुछ नहीं हुआ! कुछ नहीं हुआ!–गीले पौंछे निचोड़ते दोहराया जा रहा था लेकिन इसका चेहरा कुछ और बता रहा था–कि बहुत बुरा हुआ–बेवकूफ, नासमझ लोगों ने होटल 'कापितॉल' पर आक्रमण ही कर दिया।

और ऐसी घटनाएँ हमेशा कमरा नं. 229 में होती हैं।

यह कमरा दूसरे कमरों से थोड़ा अलग है। मुझे लगता है कि रिसेप्शन वाले इस बात को जानते हैं इसलिए ज्यादा वक्त इस कमरे को खाली रखते हैं। सारा आना–जाना वे दूसरे कमरों से करवाते हैं, गलियारे के अगले भाग में, ताकि लिफ्ट के नजदीक, जीने के नजदीक, दुनिया के नजदीक हो।

जब कमरा खाली है मुझे सिर्फ यह देखना पड़ता है कि इसमें सब कुछ ठीक हो, कि फर्नीचर पर धूल न जमी हो, कि ए.सी. सही चल रहा हो। मैं यह काम बहुत गौर से करती हूँ। बिछौने की सिलवटें साफ करती हूँ, दीवारों में लगी लकड़ी से धूल झाड़ती हूँ, खिड़की खोलकर स्वच्छ हवा को अंदर आने देती हूँ और इसके बाद आरामकुर्सी में कुछ देर के लिए बैठ जाती हूँ और अपनी फूलती साँस की आवाज सुनती हूँ। कमरा मुझे घेरता है, अपनी बाँहों में सँभालता है। यह है सब से नाजुक लाड़, बिना स्पर्श का प्यार, इस तरह लाड़–प्यार कर सकती है केवल बंद जगह। ऐसे क्षणों में मुझे साफ महसूस होता है कि मेरा शरीर अपना अस्तित्व रखता है और गुलाबी तथा सफेद वर्दी को एकदम भरता है। मुझे गले पर कॉलर का स्पर्श होता है और छाती पर जिप की ठंडक का। मुझे लगता है कि मेरी

ड्रेस की डोरियाँ जोर से मेरी कमर को घेरकर दबा रही हैं। मुझे अपनी त्वचा का अनुभव होता है कि वह जिंदा है, उसकी अपनी महक है, उसका पसीना सूख रहा है और मुझे बालों का एहसास होता है कि वे बहुत हल्के से मेरे कानों को छू रहे हैं। फिर उसी वक्त मेरा दिल करता है कि मैं खड़ी हो जाऊँ और अपने को शीशे में देखूँ और कभी ऐसा नहीं हुआ कि मैं हैरान न हुई हूँ। यह मैं हूँ? मैं? मैं अपना चेहरा उँगलियों से टटोलती, गालों की चमड़ी खींचती, आँखें आधी बंद करती, बाल पीछे बाँधती। ऐसे अपने को सपनों में देखती हूँ–हमेशा आईने में, हमेशा अलग–अलग चेहरे के साथ।

मैं खड़ी रहती हूँ और सपना देखती हूँ कि मैं एक साफ–शफ्फाफ बाथ–टब में नहा रही हूँ, सफेद गर्म तौलिये से अपने को पोंछती हूँ और इसके बाद ब्राउन बिछौने में लेट जाती हूँ और आराम से सुनती हूँ अपनी साँस की आवाज–मैं और कमरा, कमरा और मैं।

पर आज 229 में कोई है और हैंडल में पर्चा टँगा हुआ है कि कमरा सफाई करने के लिए तैयार है। अपनी चाभी से दरवाजा खोलती हूँ और अंदर चली आती हूँ अपने सामान का डब्बा लेकर। और हैरानी से जहाँ की तहाँ रुक जाती हूँ क्योंकि कमरा खाली नहीं है। मेज पर एक बंदा बैठा है अपने लैपटोप के सामने। जब मेरी आवाज लौटती है, मैं माफी माँगती हूँ और बाहर निकलने को तैयार हो जाती हूँ, सोचकर कि कोई गलती हुई होगी, कि उसने गलती से पर्चा लगाया होगा। पर वह कहता

है कि कोई बात नहीं, और कि मैं इसकी परवाह न करूँ।

कभी-कभी ऐसा होता है। मुझे यह बिल्कुल पसंद नहीं। ऐसे में मुझे जल्दी करनी पड़ती है और सारा काम करना पड़ता है मेहमान की आँखों के सामने। मेहमान एक मेजबान बन जाता है और मैं खुद मेहमान। हमेशा की सुव्यवस्था उलट जाती है। कमरे का हिसाब दोनों के लिए–सफाई करनेवाले और मेहमान के लिए नहीं बना है–हम एक दूसरे को परेशान करते हैं। मुझे जल्दी से और खूबसूरत तरीके से एक बड़े, दो आदमियों वाले बिस्तरे की चादरें बदलनी पड़ती हैं और इस काम के लिए पलंग को दीवार से हटाना पड़ता है। जगह कम है। बंदा, जो अपने लैपटॉप पर काम कर रहा है, सही तरीके से चादर बदलने में बाधा बनता है। मुझे पता चल चुका है कि वह मुझे पसंद नहीं है। वह ज्यादा जिंदा है।

पहले मैं चादर उतारती हूँ और चार तकियों के गिलाफ। पहली साफ चादर बिछाती हूँ और इसको सीधा करने के लिए मुझे दीवार से हटाये हुए पलंग के चारों तरफ घूमना पड़ता है। मुझे एहसास है कि वह आदमी मुझे देख रहा है। मुझमें खुद उसकी तरफ देखने की हिम्मत नहीं है ताकि मेरी नजर उसकी नजर से मिल न जाए। फिर मुझे मुस्कराना पड़ेगा, वह मुझसे कुछ पूछेगा और मुझे जवाब देना पड़ेगा। मैं चुपचाप काम करने की कोशिश करती हूँ। कोई आवाज नहीं करती हूँ। अभी मैं दूसरी चादर बिछाती हूँ और फर्नीचर के बीच में से निकलती हूँ, चादर किनारों से गद्दे के नीचे खिसकाकर दबा देती हूँ।

जब आदमी के फैले पाँवों के पास से गुजरती हूँ, मैं तनाव में आती हूँ ताकि इन्हें न छूऊँ और जल्दी करती हूँ बड़ी जल्दी। बंदा अब मुझे सीधे देखता है। मुझे पक्का एहसास है। उसकी फैलाई हुई टाँगें एक उकसाहट हैं, वे मुझे परेशान कर रही हैं और शर्मिंदा। जल्दी और तनाव की वजह से मुझे गर्मी लगने लग जाती है। जब मैं भारी गद्दा उठाती हूँ, मेरी तनी हुई पिंडलियों की मांसपेशियाँ दर्द करने लगती है। अब मैं तकियों पर साफ गिलाफ चढ़ाती हूँ। मुझसे कोई गलती हो जाती है, तकिया मेरे हाथ से निकल जाता है, जमीन पर गिर जाता है। मैं उससे उलझकर अपना संतुलन खो देती हूँ और नीचे गिर जाती हूँ, उसकी दिलचस्पी से भरी आँखों के सामने।

–तुम स्पेनिश हो?–वह पूछता है।

–जी नहीं, नहीं।

–यहूदी?

मैं मना करती हूँ।

–तुम कहाँ की हो?

मैं बताती हूँ और लगता है कि वह निराश हो गया है। मैं तकिये सजाती हूँ और बिछौना उठाती हूँ। वह रुचि से देखता है जब मैं भारी बिछौना लगाने की कोशिश करती हूँ। मैं फिर उसके नजदीक हूँ। अब मेरी पीठ उसकी तरफ है। जब मैं तकिये रखती हूँ मुझे एहसास होता है कि उसकी नजर मेरी पिंडलियों पर टिकी है। मैं दीवार की तरफ खिसक जाती हूँ और अपनी टाँगें पलंग के पीछे छुपा लेती हूँ। अचानक मुझे अपने बिना

एड़ियों वाले काले जूतों की वजह से शर्म आती है और न चाहते हुए भी पाँव की उँगलियों के बल खड़ी हो जाती हूँ। साथ-साथ मुझे अफसोस होता है कि मैं यह रंगहीन, अरुचिकर वर्दी पहन रही हूँ न कि ऐसी कोई खूबसूरत ड्रेस जैसी मैंने अमेरिकी लोगों के पास देखी थी। मुझे लगता है मैं पसीने से भीगी हूँ, थकी हुई और कि मुझे जरूर नहाने जाना चाहिए। मुझे पता है कि अब यह लैपटॉप के पास बैठा हुआ आदमी बेशर्मी से मुझे देख रहा है। उसकी नजर मुझे कभी कालर के पास छू जाती है, कभी जिप के पास, पर इतने में मैं पलंग की दूसरी तरफ तक पहुँचती हूँ। मुझे उसकी बगल से एक बार और निकलना चाहिए और छोटे तकिये लगाना चाहिए, पर यह काम करने के किए मुझे फिर से उस शिकारी नजर की तरफ अपनी पीठ करनी पड़ेगी इसलिए मैं तकिये बिस्तरे पर फेंकती हूँ। फर्श से मैली चादरें और गिलाफ, उस घूरते हुए आदमी की चादरें और गिलाफ उठाते समय मुझे लगता है कि मेरा शरीर फूल गया है और अपने आप वर्दी से निकलना चाहता है। मुझे अपनी सफाई देनी चाहिए? किस लहजे में, कौन सी भाषा में, और क्यों? मैं दरवाजे की तरफ पीठ करके और आँखें नीची करके बाहर की तरफ खिसक रही हूँ। मैं उठाती हूँ अपना सफाई के सामान का डब्बा और दरवाजे तक पहुँचती हूँ।

—शुक्रिया—कहती हूँ जबकि मुझे पता है कि किसी भी बात के लिए शुक्र अदा करने की कोई जरूरत नहीं है। उसको ही चाहिए था मुझे सलाम करना और मेरा हाथ अपने होठों

से लगाना। फिर मैं जवाबी सलाम करती या कुछ ऐसा।

–फिर मिलेंगे–वह कहता है, पर मुझे उसे दुबारा देखने की कोई इच्छा नहीं है।

मैं कमरे से बाहर हूँ।

कुछ क्षण के लिए मैं खड़ी होकर सुनती हूँ। मुझे गर्मी लगती है और पसीने से भीग चुकी हूँ, मेरी टाँगें दर्द कर रही हैं, मेरी मांसपेशियाँ काँप रही हैं। मैंने इतनी जल्दी कर दी थी कि अब मेरे पास खाली वक्त है। अच्छा होता अगर मैं नीचे जाकर थोड़ा आराम करती।

अपना डब्बा छोड़ देती हूँ दीवार के पास और तीसरी मंजिल पर चली जाती हूँ जहाँ चतुर्भुज जाने का रास्ता है, एक गुमशुदा, छोटे जीने के जरिये, और जहाँ से शुरू होता है...

होटल का रहस्यमय हिस्सा

जो हमारे पुराने, बार–बार आनेवाले मेहमानों के लिए है। मैं दो–चार सीढ़ी नीचे उतरती हूँ। पहले एक, फिर दूसरे दरवाजे के पास से निकलती हूँ और आखिर खड़ी हो जाती हूँ तीन मंजिल ऊँचे जीने के जंगले के सामने। मैं नीचे देखती हूँ और मुझे सब से निचली मंजिल दिखती हैं। और हमेशा की तरह निर्जन।

सिर्फ नीमअँधेरा और शांति। यह सब से अच्छा तरीका है आराम करने का, नीचे देखते-देखते, जहाँ सबकुछ छोटा और दूर होता जा रहा है, अस्पष्ट और धोखेबाज।

चतुर्भुज वास्तविकता में होटल का सबसे ज्यादा रहस्यमय हिस्सा है। यहाँ बहुत होशियार रहना पड़ता है ताकि आदमी गुम न हो जाए। सब जगह सीढ़ियाँ, गलियारे, नीममंजिलें और मोड़। यह एक किस्म का बुर्ज है जिसके साथ कुछ इमारतों के हिस्से चिपके हुए हैं। कुल मिलाकर इसकी तीन मंजिलें हैं, हर एक में दो कमरे, नंबर सात से शुरू करते हुए। मुझे पता है कि वहाँ कुल मिलाकर आठ कमरे हैं पर मुझे कोई अंदाजा नहीं है कि बाकी दो कमरे कौन सी जगह, कौन से कोने में हैं। शायद उन कमरों में कोई मानवद्वेषी आदमी रहता हो या कोई अनचाही बीवी, खतरनाक जुड़वाँ भाई, रहस्यमय प्रेमिका। शायद इसे किराये पर लिये हो कोई माफिया डोन या राष्ट्रपति लोग ताकि यहाँ, इस गुप्त जगह के अंदर, वे मामूली जिंदगी बिता सकें।

यहाँ चतुर्भुज में कमरे कुछ अलग से हैं, हकीकत में वे अपार्टमेंट हैं। शायद इतने सुंदर नहीं या कुछ अलग किस्म से सुंदर। अलमारियाँ दीवारों के अंदर हैं, बाहर की तरफ बरामदे हैं, अजीब सा फर्नीचर और नकली किताबें। पूरे रैक नकली किताबों से भरे। शेक्सपीयर, दांते, डोन, वाल्टर स्कॉट। इन्हें हाथ में लिया जाए तो पता चलता है कि ये हैं केवल गत्ते के डब्बे जिनके कवर नकली हैं। शून्यता का पुस्तकालय।

जब चतुर्भुज से जाना होता है कर्मचारियों के शौचघर की तरफ, जो नीचे है तो बहुत ध्यान रखना पड़ता है ताकि आदमी भटक न जाए। शुरू में मैं यही गलती किया करती थी। मैं जाने-पहचाने दरवाजे खोलती थी पर वे वहाँ नहीं खुलते थे जहाँ उन्हें खुलना चाहिए; मैं अपना डब्बा किसी जीने में छोड़ देती थी और बाद में वह मुझे मिलता नहीं था। मैं दीवारों पर टँगी तस्वीरों से विस्मित होती थी और बाद में मुझे लगता था कि मैंने इन्हें सपनों में देखा है। यहाँ का अंतराल कुछ अजीब सा मालूम होता है। किसी भी स्थान में ज्यादा गुप्त जीने, चिमनियाँ और कुओं जैसी गहराइयाँ ठीक नहीं लगतीं। ऐसी जगह एक भूलभुलैया बन जाती है। इसलिए बेहतर है कि इस कुएँ जैसे जीने का जंगला हाथ से पकड़ा जाए जैसे मैं अभी करती हूँ। न नीचे देखना न ऊपर, सिर्फ सामने।

अचानक मुझे सुनाई पड़ती है कोई आवाज, कहीं नीचे कुछ हो रहा है, जो सुनने में लयात्मक, अजीब और संदिग्ध मालूम होता है—बाम, बाम और फिर कुछ कर-कर। मैं बिल्ली की तरह होशियार एक मंजिल नीचे उतरती हूँ। आह, कर-कर, आह, कर-कर। यह क्या है? मैं दरवाजे के पास चली आती हूँ जो देखने में होटल के आम दरवाजे की तरह लगता है। केवल दरवाजे के नीचे के सूराख से मुझे लोहे की चिमटियाँ सी दिखती हैं और सुनने को मिलती हैं वे अजीब सी आवाजें और इनके अलावा फूली हुई साँस की तेज आवाज। सावधानी से अपना कान दरवाजे से लगाती हूँ, अब साँस फूलने की आवाज तेज

होती जा रही है, बहुत तेज, और कर-कर बहुत ऊँचा। मैं पीछे की तरफ छलाँग मारती हूँ, मुझे अचानक गर्मी लगने लगती है, कमर में बँधी चाभियाँ छन-छन कर उठती हैं।

दरवाजे के उस तरफ सब कुछ ठहर जाता है। आहिस्ता-आहिस्ता मैं जीने के ऊपरवाले हिस्से में भाग आती हूँ और ऊँची मंजिल के जंगले के पास खड़ी हो जाती हूँ। चिमटियाँ खोलने की आवाज आती है, कमरे का दरवाजा थोड़ा खुलता है और एक आदमी केवल जाँघिया पहने अपना सिर बाहर निकालता है। उसके हाथ में है कोई स्प्रिंगवाला यंत्र, शायद एक्स्पॉन्डर। मैं एकदम दीवार के साथ चिपक जाती हूँ। मेरी छलाँग लगाती हुई कल्पना को शांत करना कोई आसान काम नहीं।

मैं अँधेरे, घूमते हुई जीने से नीचे उतरती हूँ जहाँ हमारे वाश-रूम हैं। यहाँ पर जलती ट्यूब लाइट के कारण पूरी रोशनी है। मैं टॉयलेट के अंदर चली जाती हूँ और अपने पीछे का दरवाजा बंद कर देती हूँ। ठंडे पानी के छींटे मुँह पर मारती हूँ, फिर हाथ-मुँह धोती हूँ पर मुझे इससे कोई ठंडक नहीं पहुँचती। मैं सीट पर बैठ जाती हूँ। यहाँ कोई आवाज नहीं पहुँचती। जगह साफ, खामोश, सुरक्षित है। ध्यान से, एक-एक करके, मैं टॉयलेट को साफ करने के सामान की सारी चीजों को देखती हूँ, कागज के तौलिये, टॉयलेट पेपर की बड़ी रोल और मिस लाँग के हाथ से लिखी सूचनाएँ-यहाँ काम करनेवालों का छोटा इतिहास। सबसे पहले मिस लाँग ने लिखा है : "आप क्या

सोचती हैं, होटल ने क्यों सिर्फ एक बार इस्तेमाल करनेवाले लिफाफे यहाँ रखे हैं ?'' और नीचे हस्ताक्षर : ''मिस लाँग''। पर शायद कोई भी लड़की इस सवाल का जवाब नहीं दे पाई इसलिए उसके नीचे एक और पर्चा : ''क्या आप सारे इस्तेमाल किए नेपकिन वगैरह कागज के लिफाफे में डाल सकते हैं?'' पर इस निवेदन का भी कोई फायदा नहीं हुआ क्योंकि इसके नीचे लाल स्याही से मिस लाँग ने सीधे लिखा है : ''मेहरबानी करके सेनिटरी नेपकिन और दूसरा सामान कोमोड में न डालें!''

मैं एक और पल के लिए बैठी रहती हूँ और हर एक अक्षर को अलग से देखती हूँ। इसके बाद पानी का हैंडल दबाती हूँ, अपने बालों को ठीक करती हूँ और अपनी मंजिल की तरफ चली जाती हूँ क्योंकि मेरे पास एक और कमरा बचा है...

आखिरी कमरा

दो बज चुके है और होटल में आना-जाना ज्यादा हो गया है। राजकीय लिफ्ट ऊपर-नीचे जाती रहती है, दरवाजे के खुलने और बंद होने की आवाजें जोर-जोर से आती रहती हैं। मेहमान शहर में घूमने जा रहे हैं, पेठ को दोपहर के खाने की जरूरत पड़ती है। गंदे कपड़ों का अंगेलो मेरी कोठरी में बैठा है और चादरें वगैरह अपने बोरे में भर रहा है।

–तुम्हारे कितने कमरे रह गये?–पूछता है।

–एक और–बताती हूँ और मुझे साफ दिखता है कि अंगेलो को इस खूबसूरत होटल में नहीं बल्कि बाइबल के सुलैमान के श्रेष्ठ गीत के अंदर होना चाहिए। वहाँ होता तो पहाड़ों में घूमता और जवान हिरन की तरह रहता क्योंकि अंगेलो खूबसूरत है और लंबा–चौड़ा जैसे उसके लेबनान के पहाड़।

वह सिर हिलाता है और इशारे से बताता है कि कमरा नं. 228 से एक बुजुर्ग जोड़ा निकल रहा है। मैंने उनको एक बार लिफ्ट में जाते हुए देखा है। आदमी लंबा है और उसके बाल सफेद हैं, थोड़ा सा झुकता है और अपनी बीवी से ज्यादा चुस्त है। हो सकता वह उससे जवान हो या फिर उसका वक्त से कोई समझौता हो। उसकी बीवी छोटी सी है, सिकुड़ी हुई, काँपती हुई और वह बहुत मुश्किल से चलती है।

–ये स्वीडन के लोग हैं। वह इधर मरने आई है–बताता है अंगेलो जिसे सब कुछ पता है।

अंगेलो शायद मजाक कर रहा है पर जब मैं उनके पीछे से देखती हूँ, मुझे दिखता है कि वह बूढ़ा उसे कुछ ज्यादा सहारा दे रहा है, वह उसको लगभग उठाए चल रहा है। अगर वह हट जाता तो वह जरूर जमीन पर गिर जाती, खाली ड्रेस की तरह। दोनों के कपड़े हल्के पीले है और होटल के रंग से मिलते–जुलते है। दोनों के बाल सफेद हैं, इस तरह की सफेदी से जो हर पाप को भूल चुकी हो।

जब वे लिफ्ट में गायब हो जाते हैं, मैं उनके कमरे में

चली जाती हूँ। मुझे उनके कमरे की सफाई करना अच्छा लगता है। इस में ज्यादा काम नहीं है : सब चीजें अपनी जगह रखी हैं जैसे कि वे जड़ें पकड़ रही हों। हवा में खराब सपने, फूलती साँसें और उत्तेजना नहीं है। तकियों में सिर की हल्की निशानी शांत नींद का संकेत दे रही है। गुसलखाने में सही तरीके से टँगे हुए तौलिये, सही रखे टूथ-ब्रश और दो साफ मग जो आईने में प्रतिबिंबित होते हैं। सीधे-सादे प्रसाधन का जरूरी सामान- मामूली क्रीम, माउथ-वॉश, हल्का इत्र। जब मैं इनका बिस्तरा बनाती हूँ मुझे एकदम किसी खास महक के न होने का पता लगता है। इस तरह की महक बच्चों की होती है। उनकी चमड़ी की अपनी अलग महक नहीं होती, वह केवल बाहर की दूसरी महकों को पकड़ती है और सँभालती है : हवा की, कोहनी से दबाये हुए घास की और अति सुंदर, नमकीन महक धूप की। जब पाप के बिना गहरी नींद सोते हैं, बिना कोई बहुत दूरदर्शी योजना बनाये, बिना विद्रोह और दुख के, जब त्वचा पतली होती जाती और कागजी, जब शरीर से आहिस्ता-आहिस्ता जिंदगी निकल रही होती है किसी अजीब रबर के खिलौने की तरह, जब अपने पीछे देखने को होता है केवल अतीतकाल-हमेशा के लिए परिपूर्ण और बंद, जब सपनों में खुदा दिखने लगता है, उस वक्त शरीर दुनिया में अपनी महक नहीं छोड़ता। त्वचा बाहर की महक अपनाती है और आखिरी वक्त उसका स्वाद लेता है।

पलंग के बगलवाली मेज पर दो किताबें साथ-साथ रखी

हैं। मैं सुनने की कोशिश करती हूँ कि गलियारे में कोई घूम तो नहीं रहा और करती हूँ वह काम जो करना मना है। मैं पहली किताब खोलती हूँ। वह एक मोटी कॉपी है, शायद रोजनामचा, क्योंकि हर एक सफे पर तारीख लिखी है और उसके नीचे है काँपती, गोल-सी लिखावट किसी भाषा में जिसे मैं नहीं जानती। कॉपी लगभग अंत तक भरी है, सिर्फ दो-चार आखिरी पन्ने खाली हैं। दूसरी किताब बाइबल है, स्वीडिश जुबान में। मुझे कुछ भी समझ में नहीं आता पर सब कुछ जाना-पहचाना लगता है। लाल फीता उस जगह है जहाँ यहेजकेल की किताब है। मैं पंक्तियों पर नजर दौड़ाती हूँ और मुझे लगता है कि मैं सब कुछ समझ रही हूँ। पहले मुझे एक-एक शब्द जाना-पहचाना लगता है फिर पूरे वाक्य याद आ जाते हैं और छपे हुए शब्दों से मिल जाते हैं। "जो अभी है पहले भी था, और जो होना है, वह पहले से ही है, क्योंकि प्रभु दुबारा लाता है उसे जो हो चुका है।" सब से रहस्यमय शब्द पूरी पवित्र किताब के।

जब सफाई खत्म हो चुकी मैं ताजा किए पलंग के पास बैठ जाती हूँ। इसके बाद मैं बाथ-टब की सफाई के विम से खराब हुए अपने हाथ देखती हूँ और काले जूतों में सूजे हुए पाँव। पर मेरा शरीर जिंदा है और मेरी चमड़ी को भरता है। अपनी वर्दी के आस्तीन सूँघती हूँ-वे थकान, पसीने और जिंदगी की महक से सराबोर हैं।

सोच-समझकर मैं थोड़ी सी महक कमरा नं. 228 में छोड़ती हूँ।

मैं दरवाजा बंद करती हूँ और अपनी कोठरी में चली जाती हूँ। वाक्यूम-क्लीनर अंदर करती हूँ, फिर सामान का डब्बा सँभालती हूँ और उसके बाद अपनी पिंक और सफेद वर्दी उतारती हूँ और एक क्षण के लिए नंगी खड़ी हो जाती हूँ बिना किसी झिझक के ताकि दुबारा रूपांतरण हो जाए। फिर मुझे पहनने पड़ेंगे अपने काँटे, रंगीन ड्रेस, अपने बाल थोड़े उठाने पड़ेंगे और मेकअप लगाना पड़ेगा।

मैं धूप से भरी सड़क पर चली आती हूँ और स्कॉटलैंड के आदमी के बगल से निकलती हूँ जो दरवाजे के पास कपड़े बदल रहा है। उसकी चारखानेवाली डिजाइन का स्कर्ट उसके बाजू पर पड़ा है और वह खुद नये ढंग की फटी हुई जीन्स पहने हुए है।

–मुझे पता था कि तुम नकली हो–कहती हूँ।

वह रहस्यमय ढंग से मुसकुराता है और आँख मारता है।

[1989]

ऊपरवाले का हाथ

जहाँ तक कंप्यूटरों के ज्ञान की बात थी ऊ. बहुत असाधारण क्षमता से संपन्न व्यक्ति था लेकिन वह कल्याणकारी सहायता के पैसों से अपना गुजारा किया करता था। कभी-कभी वह कोई काम लेता था पर केवल इसलिए ताकि उसे अपने फ्लैट से और सामान से भरे हुए अपने छोटे कमरे से बाहर न निकलना पड़े, न ही की-बोर्ड के सामने की वह जगह छोड़नी पड़े जहाँ उसकी और उसकी दुनिया की पूरी जिंदगी बीत रही थी।

सबसे पहले उसकी आँखें जवाब देती थीं, जलने लग जाती थीं, आँसुओं से भर जाती थीं और न चाहते हुए भी वह अपनी जगह से उठ जाता था और चला जाता था खिड़की के पास जहाँ भीड़ की चहलकदमी और आती-जाती गाड़ियों से भरी पतली सड़क की खाई खुलती थी। उसके ऊपर उठती थी प्रदूषण और धूप से तपती मिट्टी की धूल। इस जगह पर ऊ. अपनी थकी हुई आँखें खोलकर उन्हें दुरुस्त करता था पक्षी के पंखों की तरह। उसे सिर्फ सामनेवाले मकान की दीवार दिखती थी

और चौरस खिड़कियाँ जिनमें कभी–कभी कोई छाया घूम जाती थी। नीचे फीके रंग की गाड़ियाँ गुजरती रहती थीं। लगभग यही था जो ऊ. को दिखता था जब वह अपनी खिड़की से बाहर देखता था, पर ऊ. के लिए उस दृश्य का ठोसपन केवल सपने जैसा होता था–फैला हुआ, बेमेल, तर्कहीन। उसकी दृष्टि छोटी चीजों पर नहीं टिकती थी, मकान की मुँडेर पर नहीं ठहरती थी, न ही किसी चेहरे पर जो शीशे के उस पार था। वह किसी चीज पर नजर टिकाए बिना केवल देखता रहता था।

–यह माया है, भ्रम–उसके साथ कच्ची सब्जी का सलाद खाते हुए कहती थी उसकी लंबे बालोंवाली बीवी जो बौद्ध धर्म की अनुयायी थी। उसकी आवाज में हमेशा बच्चोंवाले गानों का लहजा होता था खास उस वक्त जब वह अपना पसंदीदा वाक्य शुरू किया करती थी :

मैं तो मैं हूँ, तुम तो तुम हो

इस वाक्य का कोई अंत नहीं होता था।

ऊ. जब अपने कंप्यूटर के मोनिटर के सामने बैठता उसे कुछ न कुछ दिखने लगता था। तब उसके सामने होती थी तरतीब, अनंत संगति, सादगी रास्तों की, रास्ते जो किसी उद्देश्य तक ले जाया करते थे, स्पष्ट चुनाव और सोच की बड़ी शक्ति। इसलिए उसे एकदम ऐसी शांति मिलती थी जो केवल आजाद चेतना से उत्पन्न होती है, हालाँकि कुछ सीमाओं के अंदर। पर सीमाओं की क्या बात की जाए उस वक्त जब दुनिया की सृष्टि हो रही हो?

क्योंकि ऊ. हकीकत में बार–बार दुनिया बनाया करता था। उसने शुरुआत शहरों से की थी, पहले उन छोटे शहरों से जहाँ रेडियो और दूकानों से भरे बाजार होते हैं, और बाद में बड़े शहर बनाये। प्रोग्राम सबसे अच्छे तरीके से बड़े शहरों में चलता था, ऐसे शहरों में जिनकी सीमाएँ अनजाने में याद से निकल जाती हैं। उसे समुद्र के किनारे पर शहर बनाना खास पसंद था; दुनिया की खिड़कियों जैसी ये बंदरगाहें, पूरे भरे हुए पानी के जहाजों के कारखानों से, नौकागारों से और भारी बोझ उठानेवाले क्रेनो से। शुरुआत हमेशा करता था वह बिजली लगाने से, बिजली के तार खींचता था और सुरक्षित बिजलीघरों का निर्माण करता था। उसके बाद कारखाने बनाता था, हमेशा आदमी का हित सोचकर, आदमी जिसे उन्हें जल्दी लाना होगा, क्योंकि आदमी को काम की जरूरत है। लोगों के रहने के मुहल्ले खूबसूरत जगह में स्थित होते थे और पर्यावरण लोगों के स्वास्थ्य को ध्यान में रखकर तय किया गया था। इसमें कोई शक नहीं कि लंबी–ऊँची इमारतों से ज्यादा उसे पसंद थे एक परिवार वाले छोटे मकान। वह मल–संसाधन केंद्रों और कूड़ा गाड़ी के उपयोग का भी सोचता था और उन सब चीजों का जो उसकी अपनी खिड़की के बाहर अधमिटी हुई माया में नहीं थीं।

कंप्यूटर का अपना अंदरूनी काल महीने और साल गिनता रहता था, उसके शहरों के लोग पैदा होते रहते थे और बूढ़े हो जाते थे। उन्हें खुश रखने के लिए वह स्टेडियम और मेलों के मैदान बनाता था। उसके शहर विकसित हो रहे थे और बड़े

होते जा रहे थे। ऊ. को आदत हो गयी थी उस वक्त की जब सीमांत उपनगरों से वह तंग हो जाता था, क्योंकि उनकी संगति खराब हो जाती थी और उसे उन पर खास गौर करना पड़ता था। यह एक अंदरूनी प्रक्रिया थी, शहर के अस्तित्व का अनिवार्य भाग। शहर पुराने होते जा रहे थे। कंप्यूटर के अंदर रहते लोगों के पास एक स्वाभाविक मूल प्रवृत्ति थी जो उन्हें मरते हुए शहरों को छोड़ने पर मजबूर करती थी। उस वक्त वे कहाँ जाते थे? कहीं और, जहाँ वे स्थगन की स्थिति में रह सकते थे इस इंतजार में कि ऊ. की उँगलियाँ इन्हें वापस अस्तित्व में लाएँ।

पर एक नियम हमेशा लागू रहता था : सारे शहर जो बिना सफाई किए, बिना मरम्मत के, ऐसे ही छोड़े दिए जाते थे अपने कृत्रिम अंदरूनी समय पर, बिगड़ते जाते थे और नष्ट हो जाते थे, सदैव उपस्थित और कभी न खत्म होनेवाले, अक्षुण्ण क्रमिक विनाश के सिद्धांत के अनुरूप। जिस रचना को ऊ. ज्यादा समय और मेहनत दिया करता था, वह और आसानी से चूर-चूर हो जाती थी। मल-संसाधन केंद्र की नालियाँ बंद हो जाती थीं, पार्क अपराध के अड्डे बन जाते थे, स्टेडियम जेलें और समुद्र के किनारे-मिट्टी के तेल से जिबह किये गए पक्षियों के कब्रिस्तान।

ऐसे समय ऊ. थकान और निराशा में, अपने शहरों में आँधी, आग, बाढ़ या चूहों और टिड्डियों की बिपदा भेज देता था।

जब ऊ. सृष्टि करता था और उसके बाद–मजबूर होकर–अपने शहरों का विनाश करता था, उसकी बीवी दूसरे कमरे में अनंत समाधि लगाए बैठी रहती थी जिसे वह केवल तभी छोड़ती थी जब भोजन बनाती थी या चीजें अपनी जगह रखती थी। इसकी हर एक गति, हर एक हरकत घर चलाने की कला के व्यावहारिक जेन का एक रूप था। कभी वह उसके पीछे खड़ी हो जाती थी और देखती थी, वह कैसे शहर बनाता (और नष्ट करता) है, पर उस वक्त भी ऊ. को सुनाई देता था कि वह साँस का अभ्यास करती रहती है। शाम को दो घंटों के लिए काम पर जाती थी। वह एक महँगे सामान की दूकान की सफाई करती थी। वह सामान को देखती ही नहीं थी सिर्फ ध्यान से फर्श पोंछती थी और दूकान की सफाई करने की कला का अभ्यास करती थी।

–आप मुझे प्यार करते हैं?–उसे शाम को उसकी गुनगुनाती सी आवाज में यह सुनने को मिलता था जब वह बिस्तर में उसका इंतजार करती थी।

तब वह "निकास" का बटन दबाता था और उसके सामने "हाँ"/ "नहीं" के शब्द दिखने लगते थे। वह "हाँ" दबा देता था और कम्प्यूटर, आहिस्ता से शू-शू करता था और दुनिया को सोने के लिए तैयार करता था।

–आनंद सिर्फ मजा नहीं होता...–उसकी बीवी नींद में कहती थी जब वह उसके शरीर पर "एंटर" का बटन ढूँढ़ता था।

जब वह शहरों से तंग आ चुका था, उसे एक प्रोग्राम मिला था जिसे वह बहुत दिनों से ढूँढ़ रहा था। उसका नाम था ''सेमी-लाइफ'' और वह एवोल्यूशन की क्रिया की नकल करता था।

ऊ. को मिल जाता था एक कम आयु का ग्रह जो शुरू में समुद्र के पानी में डूबा हुआ था। इस समुद्र में कूड़े की तरह तैर रहे थे कुछ रसायन। सब कुछ इनसे शुरू होता था। इस खेल में कोई संयोग नहीं होता था। होता था ऊ.।

अब पूरा दिन वह रसायन जोड़ता था, इन्हें बाईं और दाईं तरफ घुमाता था, कभी तापमान और दबाव बढ़ाता था, कभी घटाता था। फिर पानी की तह पर बिजली मारता था। अपने काम में पूरा लीन होकर कंप्यूटर का समय आगे दौड़ाता था। शाम को जब उसकी लंबे बालोंवाली बीवी काम से घर वापस आयी, उसका एक कोषवाला जीवाणु तैयार था। रात को भूमि पर रेंगनेवाले जानवर आ गए थे। सवेरे जलस्थलीय प्राणियों ने जमीन को घेर लिया था। उसको पता था, आगे क्या होनेवाला है, इसलिए उसने ग्रह को नष्ट कर दिया था।

–क्या आप ''सेमी-लाइफ'' को छोड़ना चाहेंगे? ''हाँ''/''नहीं''। –कम्प्यूटर ने पूछा। ऊ. ने ''हाँ'' दबाया और कमरे की खिड़की के पास जा पहूँचा जहाँ अस्पष्ट दिखती थी माया में डूबी हुई सड़क। पहली बार ऊ. ने देखा था कि खिड़की के बाहर दिखनेवाला मायावी शहर भी इसी तरह चूर-चूर हो रहा है जैसे उसके अपने शहर। स्लेटी से, पतले, भूखे कबूतर बैठे थे पपड़ी छोड़ती हुई इमारतों की मुँडेरों पर। एक महीने

से बारिश नहीं हुई थी। प्रदूषण का पीला बादल ऊपर को उठ रहा था, किसी अभी-अभी गुजरे हुए व्यक्ति की आत्मा की तरह।

–आप मुझ से प्यार करते हैं?–पूछता था उससे कंप्यूटर उसके सपने में।

ऊ. ने तब देखा कि की-बोर्ड में एक और बटन उपस्थित हुआ : "पता नहीं"। उसने इसे दबाया तो उसकी नींद खुल गयी। हर रात की तरह उसकी बगल में लेटी हुई औरत की शक्ल खूबसूरत और शांत थी। उसकी बंद आँखों के सामने गुजरता था संपूर्ण शून्य का चेहरा।

उस रात ऊ. ने आदमी बनाया। पर वह आदमी कमजोर और बेकार सा था। उसके पाँव जानवर के जैसे थे, चेहरा पक्षी जैसा था और उसकी आँखों में पुतलियाँ नहीं थीं। ऊ. ध्यान से उसकी दुर्व्यवस्थित जिंदगी देख रहा था जो कंप्यूटर वाले ज्यादा तेजी से चलते समय में बीत रही थी। जिंदगी जो ठिकाने की तलाश में और अनंत डर में गुजर रही थी। इसलिए ऊ. ने अफसोस से सोचा कि आदमी को नष्ट करके नई शुरुआत करनी चाहिए। उसने सैलाब और आग की बारिश भेजी क्योंकि और कुछ उसे नहीं सूझा। पर वह कमजोर प्राणी उससे बच गया और ऊ. पश्चात्ताप और दुख से भर गया। उसने अपने लिए कॉफी बनायी और जब बेरंग सवेरा कमरे की खिड़की से अंदर आने लगा, उसने उसका कड़वा स्वाद चखना शुरू किया।

उसने अपने हाथों से बने इस बेकार से प्राणी की जिंदगी

में किसी भी तरह का दखल करना बंद कर दिया और देख रहा था कि किस तरह अपने आप चलते हुए प्रोग्राम में विकृति आ रही थी। लोग आपस में लड़ रहे थे, अपने काल्पनिक धन, अस्पष्ट सिद्धांतों, बीवियों, मकानों और कब्रिस्तानों के लिए। जब वह सिगरेट पी रहा था, कंप्यूटर वाली दुनिया में कई जंग शुरू हुए और खत्म भी हो गये। भूमि के वीरानों में कबीले घूम रहे थे, अपने देश से निकाले हुए लोग इधर-उधर भटक रहते थे। ऊ. स्क्रीन के सामनेवाली कुर्सी पर सो गया था और जब वह जागा ''सेमी-लाइफ'' में कोई जिंदा प्राणी बचा ही नहीं था। खाली समय बीत रहा था कम्प्यूटर के गुनगुनाने के साथ-साथ।

–आप दुबारा खेलना चाहेंगे? ''हाँ''/ ''नहीं''-स्क्रीन के नीलेपन ने पूछा।

–नहीं।

पूरे अगले हफ्ते ऊ. एक नया प्रोग्राम बनाने में लगा रहा था, एक नया खेल, जो सब मसलों को ठीक कर देगा। उसको चाहिए था कि एकदम शुरू की स्थिति में उस बिगड़नेवाली प्रवृत्ति को जड़ से खतम कर देता। फिर उस खेल के माध्यम से उस दुनिया को शुरू से, एक बार फिर बनाया जा सकता था। उसने उस खेल को ''सेमी-यूनिवर्स'' का नाम दिया।

इतवार को उसने पहली बार खेल खेलना शुरू किया था।

–देखो-उसने अपनी औरत से कहा जो कुर्सी के किनारे उसकी पीठ के पीछे बैठी थी और अपने हाथ किसी मुद्रा में

जोड़ रही थी–यह है "कुछ नहीं" जिसके अंदर है तमाम चीजों की नाप-तौल।

वह दिन-रात इंतजार करते रहे पर "कुछ नहीं" विकास करना ही नहीं चाहता था क्योंकि वह संपूर्ण था। ऊ. बार-बार खिड़की के पास जाता और प्रदूषण और प्यास से थके हुए कबूतरों को ऊँचाई से देखता।

–कुछ मत करो–उसकी बीवी ने कहा और अधखुली आँखों से उसे देखा।–ऐसे ठीक है, ऐसे ही होने दो।

–आपको पूरा विश्वास है कि आप प्रकाश और अँधेरे को अलग नहीं करना चाहेंगे?

–"हाँ" "नहीं"–पूछा कंप्यूटर ने।

–"हाँ" भी और "नहीं" भी–ऊ. ने जवाब दिया।

दोनों जनों ने एक बड़ा सा विस्फोट देखा। वे गवाह थे उस क्षण के जब आदिम सम्पूर्णता से चार बड़ी शक्तियाँ निकली थीं। फिर उन्हें दिखा, किस तरह बना था काल जो अपनी प्रारम्भिक दशा में एक जहर की बूँद मालूम हुआ। उन्हें अंतराल पर तरस आया जब वह विस्फोट से फट गया था और उसके क्रोध से मूल पदार्थ पैदा हुआ जिससे फौरन गुस्सा उगलते हुए आग के गोले बन गये थे।

और ऊ. ने देखा कि कुछ भी अच्छा नहीं हुआ इसलिए वह उठ गया और खिड़की से बाहर देखने लगा जहाँ प्यास से सूखती हुई दुनिया बारिश का इंतजार कर रही थी।

✪✪✪